Jane Cadwallader

# PB3 et les poissons

Illustrations de Gustavo Mazali

LECTURES ELI POUSSINS

PIERRE BORDAS ET FILS

▶ 2

PB3 est un extraterrestre. Il vient de la planète P3. PB3 et son robot Martine étudient la planète Terre. Ils sont à la plage avec leurs amis humains Arnaud et Chloé. La Terre est très différente de la planète P3 ! Sur la planète P3, il n'y a pas de plage et il n'y a pas de mer ! Martine aime les coquillages.

Les enfants apprennent à PB3 et à Martine à jouer au volley-ball.

Martine prend des photos avec son appareil photo. PB3 fait du surf. Mais les vagues sont très grosses, et c'est difficile ! « Fais attention » dit Arnaud.

Regarde, il y a un nuage noir dans le ciel. Il est très gros et très bruyant. Oh, non ! Ce n'est pas un nuage !

Les OOs viennent de la planète XO11 et ils sont très méchants. Oh, non ! Le vaisseau spatial arrive ! Chloé et PB3 ont peur. Chloé court pour sortir de l'eau, PB3 plonge dans l'eau. Sur la plage, Arnaud et Martine ont peur aussi. Arnaud se cache derrière un rocher et Martine plonge dans l'eau.

Arnaud et Chloé sont derrière un rocher. Ils regardent les OOs. PB3 et Martine nagent sous l'eau. Est-ce que les OOs veulent attraper des poissons ? Non ! Ils veulent attraper PB3 et Martine !

Allez, Arnaud !
Allons les
aider !

Arnaud et Chloé sont dans la mer avec PB3 et Martine. Ils indiquent à PB3 et à Martine une grotte dans les rochers.

PB3 et Martine vont dans la grotte. Ils sont sauvés ! Maintenant, les OOs ne peuvent pas les attraper. Arnaud et Chloé remontent à la surface pour respirer.

PB3 et Martine se cachent. Martine regarde les bras du vaisseau spatial des OOs. Les bras recherchent PB3 et Martine pour les attraper. Martine rit. PB3 regarde des poissons. Ces poissons sont gris et ils nagent autour des rochers.

Martine et PB3 sont tristes pour les poissons. Sur la planète P3, les seules couleurs sont le gris, le noir, le blanc et le vert, mais sur la Terre, il y a beaucoup de couleurs. Ces poissons sont comme les poissons de la planète P3 ! Ils n'ont pas les belles couleurs de la Terre.

Soudain, PB3 a une idée. Il est très excité !
Il raconte son idée à Martine et appuie sur des boutons du panneau de contrôle de Martine.

Martine fabrique des peintures utilisables dans la mer. Elle utilise les couleurs de la Terre. Il y a le violet, le rose, l'orange, le bleu, le vert, le rouge, le marron et le jaune.

PB3 chasse les poissons et Martine les peint.

Maintenant, les poissons ne sont pas gris : ils sont de toutes les couleurs. Ils sont très contents ! Ils nagent et dansent autour des rochers et font des pirouettes. Mais… oh, non ! Ils jouent mais ils ne voient pas que des poissons grands et féroces arrivent près d'eux !

3

*Nous sommes contents*
*Vraiment très contents*
*Nous nageons et dansons*
*Tout autour des rochers.*

*Nous ne sommes plus gris*
*Mais rouges, violets et verts*
*Bleus, orange et jaunes*
*Et nous brillons dans la mer.*

4

Arnaud et Chloé plongent dans la mer pour chercher PB3 et Martine. Ils ne comprennent pas ! Les OOs sont partis mais PB3 et Martine sont encore dans l'eau. Chloé pointe son pouce vers le haut. Elle veut que PB3 et Martine viennent avec eux.
PB3 et Martine sont tristes ! Ils voient les grands poissons qui chassent les petits poissons !

Oh, non !
Oups !

PB3 et Martine vont avec Arnaud et Chloé sur la plage. Ils leur racontent l'histoire des petits poissons, de la peinture spéciale utilisable sous la mer et des poissons grands et féroces.

Arnaud et Chloé racontent à PB3 et à Martine que le gris est parfait pour les petits poissons. Ils vivent près des rochers et les grands poissons ne peuvent pas les voir.

PB3 et Martine retournent dans la grotte sous la mer. Ils repeignent les petits poissons en gris. Arnaud et Chloé les aident. Les grands poissons partent.

Le moment est venu pour PB3 et Martine de rentrer chez eux.

PB3 et Martine disent au revoir à Arnaud et Chloé. Ils ont appris une importante leçon : il faut réfléchir avant d'agir !

5 *Maintenant regarde-nous*
*Avec le soleil nous sommes argentés*
*Nous ne sommes pas colorés*
*Mais nous dansons toujours !*

# Jouons ensemble !

**1** **Corrige les phrases des personnages, puis numérote les images dans le bon ordre.**

**a** ☐

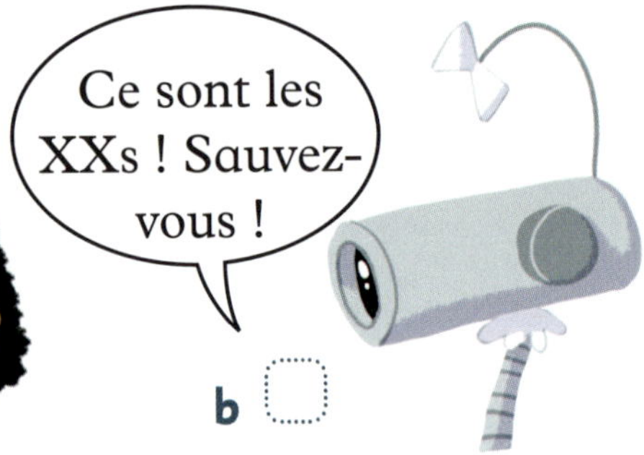


**b** ☐

**c** ☐

**d** ☐

**e** ☐

**f** ☐

**2** **Associe chaque début de mot à sa fin en coloriant les coquilles, puis complète la poésie avec les mots manquants.**

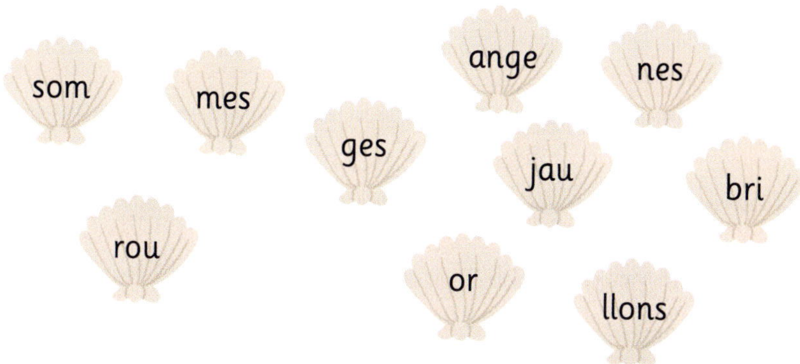


Nous ne ____________ plus gris
Mais ____________ , violets et verts
Bleus, ____________ et ____________
Et nous ____________ dans la mer

**3** **Colorie un poisson avec trois couleurs différentes. Colorie le deuxième poisson avec un copain. Tu lui poses des questions, par exemple : « Est-ce que la tête est rose ? »**

**Mon poisson**

**Le poisson de mon copain**

## 4 Joue cette pièce avec tes amis.

**Personnages**

Arnaud, Chloé, PB3, Martine, Grand poisson 1 et 2, petits poissons

**Matériel nécessaire**

- Une silhouette de petit poisson pour chaque petit poisson. Un côté doit être gris et l'autre coloré.
- Deux silhouettes de grand poisson.
- Un ou deux pinceaux.
- Quelques chaises pour faire les rochers sous la mer.

*(Sur la plage.)*
**Arnaud :** Qu'est-ce que c'est ?
**Chloé :** C'est un vaisseau spatial !
**Martine :** Ce sont les OOs ! Sauvez-vous !

*(Sous la mer. Les petits poissons gris nagent autour des rochers.)*
**PB3 :** Regarde ces poissons !
**Martine :** Quelle couleur ennuyeuse !
**PB3 :** Oui ! Pauvres poissons ! J'ai une idée : peignons-les !
**Martine :** De quelle couleur est-ce que je peins ce poisson ?

**PB3 :** Rose et jaune.
**Petit poisson :** Oui ! J'adore ces couleurs.
*(recommence avec d'autres poissons)*

*(Les petits poissons montrent maintenant leur côté coloré. Ils nagent autour des rochers.)*
**Petits poissons :** *(disent le poème des pages 18/19.)*
**Grand poisson 1 :** Hmm ! C'est l'heure de déjeuner !

*(Les petits poissons se cachent derrière les rochers. Arnaud et Chloé arrivent.)*
**PB3 :** Oh, non !
**Arnaud :** Le gris est parfait pour les petits poissons.
**Chloé :** Oui, car les grands poissons ne peuvent pas les voir.

*(Les petits poissons s'approchent.)*
**PB3 :** Ok, repeignons les poissons en gris !
**Martine :** Viens, petit poisson !

*(Sur la plage. Les petits poissons montrent leur côté gris.)*
**Chloé :** Au revoir ! Au revoir !
**Arnaud :** Revenez vite !
**Martine :** PB3, regarde ! Les poissons sont argentés avec le soleil !
**PB3 :** Ils sont très beaux !

**5** **Dessine ta scène préférée du livre. Écris ce qui se passe.**

**6** **Aimes-tu cette histoire? Dessine ton visage.**

J'aime beaucoup cette histoire !

J'aime bien cette histoire.

J'aime un peu cette histoire.

Je n'aime pas cette histoire.